SOCIÉTÉ DES AGRICULTEURS DE FRANCE
21, Avenue de l'Opéra, 21

DROITS GRADUÉS

A L'IMPORTATION DES BLÉS ÉTRANGERS

DROITS AU POIDS SUR LE BÉTAIL

DISCOURS

PRONONCÉS

A L'ASSEMBLÉE GÉNÉRALE DE LA SOCIÉTÉ

DES AGRICULTEURS DE FRANCE LES 4 ET 5 MARS 1886

Par M. P. LE BRETON

PARIS

IMPRIMERIE DE LA SOCIÉTÉ DE TYPOGRAPHIE

NOIZETTE, DIRECTEUR

8, RUE CAMPAGNE-PREMIÈRE, 8

—

1886

SOCIÉTÉ DES AGRICULTEURS DE FRANCE
21, Avenue de l'Opéra, 21

DROITS GRADUÉS

A L'IMPORTATION DES BLÉS ÉTRANGERS

DROITS AU POIDS SUR LE BÉTAIL

DISCOURS

PRONONCÉS

A L'ASSEMBLÉE GÉNÉRALE DE LA SOCIÉTÉ

DES AGRICULTEURS DE FRANCE LES 4 ET 5 MARS 1886

Par M. P. LE BRETON

PARIS

IMPRIMERIE DE LA SOCIÉTÉ DE TYPOGRAPHIE

NOIZETTE, DIRECTEUR

8, RUE CAMPAGNE-PREMIÈRE, 8

—

1886

TARIFS DE DOUANE

SUR LES CÉRÉALES

M. le Président. — L'ordre du jour appelle la suite de la discussion sur les tarifs de douane.

M.P.Le Breton. — Sans nuire au succès des propositions dont un grand nombre de députés ont pris l'initiative, dès le début de la session, afin d'obtenir un relèvement des tarifs d'importation concernant les principaux produits agricoles ; sans contester les améliorations très notables qu'elles apporteraient à notre législation douanière, si elles étaient adoptées dans leur intégrité, je pense qu'ici, où nous sommes complètement affranchis d'une foule de considérations qui s'imposent à nos amis de la Chambre et du Sénat, nous pouvons examiner avec une entière liberté s'il ne serait pas possible d'amender utilement leur projet sur un point particulier, celui des céréales, et je vous demande la permission de vous exposer très brièvement pour quelles raisons un grand nombre d'agriculteurs et plusieurs sociétés agricoles pensent qu'un autre système pourrait à la fois mieux défendre les producteurs contre l'excès des importations, et mieux sauvegarder les consommateurs contre les craintes d'une hausse exagérée des céréales.

L'an dernier, les délégués des sociétés agricoles, puis, quelques semaines plus tard, les pouvoirs publics, enfin l'immense majorité du pays aux élections d'octobre, ont manifesté clairement leur volonté de défendre l'agriculture nationale contre la concurrence étrangère. La situation des agriculteurs, déjà très mauvaise à cette époque, s'est encore aggravée : loin de se relever, tous les cours ont fléchi ; à la baisse des blés est venue s'ajouter la baisse du bétail, prouvant aux plus optimistes que ce serait une étrange illusion d'espérer trouver dans l'élevage une compensation aux pertes que leur impose l'avilissement du prix des céréales.

Cette baisse du blé a pour cause principale les faveurs inexplicables si longtemps accordées par nos lois fiscales aux blés étrangers, la lenteur déplorable apportée à la revision de notre tarif douanier, enfin l'insuffisance des réformes opérées, après tant de luttes, au mois de mars 1885.

Les quatre dernières récoltes, s'élevant ensemble à 446 millions d'hectolitres, nous ont fourni une moyenne annuelle de 111 millions d'hectolitres, qui atteint largement, sans toutefois le dépasser beaucoup, le chiffre de la consommation nationale. La France pouvait donc, pendant ces quatre années, suffire amplement à ses besoins, sans rien recevoir de l'étranger. L'équilibre de l'offre et de la demande aurait suffi pour mettre les consommateurs à l'abri d'une hausse exagérée, et les producteurs à l'abri des désastreux effets d'une baisse qui les ruine au profit d'intermédiaires parasites.

Malheureusement cette situation, si favorable à tous les intérêts du pays, a été profondément troublée par les spéculations des importateurs étrangers.

De 1882 à 1885, plus de quarante millions de quintaux de blé ont été introduits en France, sans être nullement utiles aux besoins de la consommation, nous enlevant, en 1882, trois cent soixante-treize millions — en 1883, deux cent cinquante et un millions, — en 1884, deux cent quarante-trois millions — en 1885, cent quarante-deux millions, soit en quatre années plus d'un milliard, et faisant tomber les cours de 27 fr. 69 le quintal en 1882, à 24 fr. 83 en 1883, à 23 francs en 1884, à 22 francs en 1885, sans que les prix puissent se relever dans les premiers mois de 1886.

Sans doute les importations ont été moins considérables depuis le mois de mars dernier (ce qui prouve qu'il n'est pas aussi difficile qu'on l'a prétendu de leur opposer une barrière efficace, par le relèvement des tarifs de douane), mais elles n'ont pas cessé, malgré l'importance du stock disponible ; elles ont atteint depuis six mois plus de deux millions, avec les farines près de deux millions et demi de quintaux métriques, preuve évidente, que si le droit de 3 francs établi par la loi du 28 mars 1885 a préservé les marchés français d'un encombrement aussi inquiétant que celui des marchés anglais, ce droit est néanmoins très insuffisant pour nous permettre de soutenir la concurrence des pays de production pour ainsi dire illimitée, qui augmenteront nécessairement leurs envois en France, lorsqu'ils ne trouveront plus dans les autres pays européens le placement de leurs céréales.

Il n'est nullement besoin d'entreprendre de nouvelles enquêtes pour constater un fait que le mouvement commercial de ces derniers mois met à l'abri de toute contestation.

Dès lors la question se pose nettement devant les représentants du pays. Laisseront-ils l'agriculture française succomber dans cette lutte inégale contre les importations de l'Amérique, de l'Australie et de l'Inde?

Laisseront-ils disparaître la culture du blé après celle des plantes textiles et oléagineuses ? Laisseront-ils, à côté du phylloxera qui ravage nos vignobles, les ronces et les chardons envahir les champs fertilisés par le travail de tant de générations ? — Ou bien auront-ils la justice d'accorder à la plus importante, à la plus précieuse de nos productions nationales, à la production du blé, des mesures de protection équivalentes à celles qu'ils ont établies pour protéger la plupart des autres industries françaises ? (*Applaudissements.*)

En fixant le tarif général des douanes, le législateur ne s'est pas préoccupé de savoir si le droit d'entrée représenterait 10, 20, 30 ou 50 pour 100 de la valeur du produit, mais bien si ce droit pourrait compenser aussi exactement que possible la différence qui existe entre le prix de revient des produits fabriqués en France et celui des produits similaires expédiés de l'étranger.

Il est de stricte justice d'appliquer le même principe au plus indispensable de nos produits agricoles, au blé. Pour cela il faut déterminer d'une part ce que coûte à nos cultivateurs le blé récolté en France, et d'autre part ce que coûte, rendu dans nos ports, le blé expédié de l'étranger.

Sur le premier point de grands efforts ont été tentés d'un certain côté, non pas pour faire connaître, mais pour empêcher de connaître la vérité. Certains économistes sont allés jusqu'à dire qu'il est impossible d'établir le prix de revient du blé en France. En même temps quelques agriculteurs, frappés de l'efficacité merveilleuse, mais malheureusement éphémère, de diverses formules de fumures, trompés par la fécondité de semences nouvellement introduites dans leurs exploitations, ont, de très bonne foi, publié des calculs qui, n'indiquant ni les dépenses exigées par les cultures préparatoires à celle du blé, ni la valeur des éléments utiles enlevés au sol par une récolte exceptionnelle, ont pu faire illusion aux lecteurs superficiels.

D'après ces admirateurs enthousiastes de méthodes moins inconnues et moins nouvelles qu'ils ne le supposent, on pourrait produire le blé en France à un prix tellement minime, qu'il faudrait vraiment bien de l'ignorance ou bien de la maladresse pour redouter la concurrence étrangère.

Malheureusement cet optimisme ne peut être partagé par les agriculteurs pratiques qui, pour se rendre compte du véritable prix de revient du blé, ont basé leurs calculs, non pas sur le rendement d'une seule année, mais sur les résultats d'une série de récoltes comprenant des années bonnes et des années mauvaises. Chose remarquable, quelque variables que soient les éléments de ce calcul, le résultat final est, à quelques centimes près, le même (si on examine les rendements moyens) dans les départements les plus avancés et dans ceux où les procédés anciens sont encore généralement en usage. Et cela s'explique facilement, car la plus grande valeur des terres, l'importance du capital immobilisé, soit dans les améliorations foncières, soit dans l'exploitation, l'augmentation des frais de main-d'œuvre, etc., viennent presque toujours compenser, à peu de chose près, l'accroissement des récoltes dû à la fécondité naturelle du sol et à la supériorité des méthodes employées.

Aussi prenez les études faites à ce sujet par les sociétés agricoles de la Flandre, de la Picardie, de la Beauce, du Maine et de la Bretagne ; comparez-les avec celles des sociétés du Centre et du Midi ; vous verrez que malgré des différences notables d'habitudes, de méthodes et de climat, partout on arrive à ce chiffre presque identique de 26 à 28 francs comme prix de revient du quintal de blé français.

Et ce qui prouve que ce chiffre n'est pas exagéré, c'est que dans toutes les régions les cultivateurs non seulement se plaignent, mais renoncent en grand nombre à continuer leur exploitation, lorsque les cours se maintiennent au-dessous de 26 francs le quintal. Nous pouvons donc accepter ce chiffre de 26 francs comme le *minimum* du prix de revient moyen du blé en France, puisqu'il nous est fourni, non par un calcul théorique, mais par la comptabilité des agriculteurs pratiques, par le témoignage des faits eux-mêmes. (*Applaudissements.*)

Quel est au contraire le prix de revient du blé aux Etats-Unis, aux Indes, à la Plata, en Australie ? Pour résoudre la question nous avons une foule de documents fournis par des consuls, par des commerçants français et anglais, disposés généralement plutôt à atténuer qu'à exagérer le danger de la concurrence de ces pays que jadis la distance empêchait de prendre part à notre mouvement commercial, et qui, aujourd'hui, grâce à l'électricité et à la vapeur, jouent un rôle de plus en plus important sur tous les grands marchés d'Europe.

Je ne discuterai pas ces documents, j'accepte leurs conclusions générales. Elles se trouvent d'ailleurs confirmées par des pièces beaucoup plus simples, que nous pouvons facilement contrôler tous les jours, par la cote des cours dans les ports de débarquement en Angleterre et en France.

Or que voyons-nous en ce moment en Angleterre ? Tant que les blés ne sont pas descendus au-dessous de 18 à 19 francs le quintal, les arrivages ont afflué de l'Amérique, de l'Australie et de l'Inde ; quand les cours sont tombés à 17 francs, les expéditions ont diminué dans une très large mesure. Elles se sont maintenues au contraire en France, pendant le mois de janvier, lorsque les cours dans nos ports ont atteint le chiffre de 21 francs, y compris le droit de douane de 3 francs.

De ce mouvement commercial il résulte avec la dernière évidence que les blés exotiques peuvent être vendus avec bénéfice en Europe aux cours de 18 à 19 francs les 100 kilos, mais que, dans l'état actuel des transports, il n'est pas prouvé qu'ils puissent être importés à un prix moindre.

Ainsi nous avons d'une part : prix de revient *minimum* des blés français, 26 francs le quintal ; — et d'autre part : prix de revient *maximum* des blés étrangers, 19 francs, soit une différence de 7 francs *au moins*. (*Applaudissements.*)

Ce chiffre ne prouve-t-il pas l'insuffisance, non seulement du droit de 3 francs qui est perçu actuellement mais aussi celle du droit de 5 francs qui est demandé par plusieurs membres du Parlement ?

Autrefois ces droits d'entrée eussent été pour nous une protection sérieuse, mais aujourd'hui ils ne sauraient détourner de nos marchés les importations qui, ne trouvant plus de placement en Angleterre, afflueront vers nos ports dès que nos cours s'élèveront au-dessus de 23 francs le quintal.

Ainsi le droit d'entrée de 5 francs aura pour effet d'établir, non pas même comme prix habituel et normal, mais comme prix maximum, le cours de 23 à 24 francs. Eh bien ! pensez-vous que l'agriculture puisse accepter une situation pareille ? Pensez-vous qu'elle puisse consentir à vendre au plus 23 ou 24 francs le blé qui dans les années moyennes lui coûte au moins 26 francs ?

Sans doute nous sommes prêts à accepter la baisse qui résulte naturellement de l'abondance de la production indigène. C'est à nous de limiter l'étendue de nos emblavures lorsque l'excédent de nos récoltes forme un stock trop considérable ; c'est à nous de régler nos assolements de façon à maintenir l'équilibre entre la production et la consommation de ce pays si merveilleusement disposé par la Providence pour suffire par ses propres ressources à tous ses besoins. Mais ce que nous ne pouvons accepter, c'est le trouble qu'apportent à toutes nos combinaisons, c'est le désastre que causent aux entreprises agricoles les plus sagement dirigées, ces envois illimités des céréales du reste du monde. (*Applaudissements.*) Ce que nous ne pouvons accepter, c'est que la seule menace de ces importations, sans même qu'elles s'effectuent, suffise pour faire baisser nos cours, alors que nos récoltes diminuent, comme nous l'avons vu en 1879, comme nous l'avons vu en 1881, comme nous le voyons aujourd'hui, après la récolte de 1885, inférieure à celle de 1884.

Et cependant c'est là le résultat qui se produira fatalement tant que le droit d'importation ne représentera pas à peu près exactement la différence qui existe entre le prix de revient du blé étranger et celui du blé français.

Dès lors est-il de bonne tactique, pour servir la cause que nous avons le devoir et la volonté de défendre, de borner nos demandes à un droit fixe de 5 francs, de dire qu'il nous donnerait une satisfaction complète, quand l'insuffisance de ce droit n'est pas douteuse aux yeux de tous ceux qui ont étudié la question ? Est-il de bonne tactique de dissimuler la gravité de la situation ? Ne vaut-il pas mieux avouer la vérité et déclarer franchement qu'un droit d'au moins 7 francs par quintal nous est indispensable, lorsque les cours se maintiennent au niveau où ils sont aujourd'hui?

Sans doute il serait difficile d'obtenir des Chambres le vote d'un droit aussi élevé, si ce droit devait être permanent et immuable. La fixité du droit inquiétera nécessairement le législateur et le portera toujours à ne voter que des droits insignifiants de 3 ou 4 francs, dans la crainte très naturelle de priver le pays des importations nécessaires dans les années de mauvaise récolte. Aussi préférons-nous à des droits fixes insuffisants des droits gradués qui, dans les années bonnes et dans les années moyennes, constitueront une défense sérieuse pour le producteur, tout en facilitant l'approvisionnement nécessaire aux besoins du pays, dans le cas où la production indigène serait trop faible.

Ce que le producteur redoute le plus, c'est cet encombrement des marchés qui rend les transactions impossibles et le met dans l'impossibilité de vendre même à perte. Or cet encombrement se traduit toujours par la persistance de la baisse. Il est donc facile de se rendre compte de son importance rien qu'en suivant les oscillations des cours publiés dans les mercuriales de chaque semaine.

C'est sur ce principe que repose le système des droits gradués que proposent plusieurs sociétés agricoles, notamment celle que j'ai l'honneur de représenter ici. Plus les cours sont bas, plus nous vous demandons d'élever le droit d'entrée, afin que les importations de l'étranger ne viennent pas accroître le trop-plein de nos marchés. Au contraire, à mesure que les cours s'élèvent, nous abaissons la barrière qui arrête les blés exotiques à la frontière, nous la supprimons même complètement lorsque les cours dépassent le chiffre moyen de 32 francs, chiffre qui a été atteint et dépassé en 1867, 1868, 1871, 1873. En un mot, si nous cherchons à arrêter les importations quand elles sont nuisibles, nous les acceptons, nous les favorisons quand elles sont nécessaires.

Lorsque les cours moyens de la France entière sont inférieurs à 26 francs le quintal nous estimons que les réserves sont suffisantes à tous les besoins et que les importations sont non seulement inutiles, mais dangereuses, et nous les frappons d'un droit d'entrée de 7 francs par quintal. Au contraire, lorsque les cours s'élèvent au-dessus de 32 francs, nous accordons aux blés étrangers une franchise complète.

Entre ces deux cours extrêmes, nous graduons le droit d'entrée de la manière suivante :

Au cours moyen de 31 à 32 francs le quintal, droit d'entrée 1 fr.
    —   de 30 à 31 fr.   —   2 fr.
    —   de 29 à 30 fr.   —   3 fr.
    —   de 28 à 29 fr.   —   4 fr.
                de 27 à 28 fr.   —   5 fr.
    —   de 26 à 27 fr.   —   6 fr.
Aux cours inférieurs à 26 francs le quintal, droit d'entrée 7 fr.

Dans l'état actuel de la production en Amérique, aux Indes et dans les autres pays de grande production, il nous a semblé qu'un droit d'importation de 7 à 8 francs était suffisant pour empêcher les blés exotiques de venir surcharger nos marchés lorsque nos cours sont inférieurs à 26 francs. En effet, les expéditions pour l'Angleterre diminuent sensiblement ou même cessent tout à fait dès que les cours descendent au-dessous de 18 à 19 francs, et le fret pour les ports anglais est en général un peu moins élevé que pour les ports français. Nous pouvons donc espérer qu'un droit de 7 francs serait pour nous une protection efficace, lorsque les cours n'excèdent pas 25 à 26 francs, tandis qu'un droit fixe de 5 francs n'arrêterait pas les importations tant que les cours sont inférieurs à 23 ou 24 francs.

Notre système donne donc plus de sécurité aux producteurs français.

Mais en même temps il est bien plus favorable aux consommateurs dans les années de hausse.

Et cette hausse, si improbable qu'elle puisse paraître, est une des éventualités que le législateur a le devoir de prévoir. Tel qui refusera de voter un droit fixe de 5 fr., dans la crainte d'entraver les ressources nécessaires à l'alimentation publique, en cas de récoltes mauvaises ou simplement médiocres, pourra sans scrupule accepter des droits gradués bien plus élevés, mais diminuant avec le stock disponible et disparaissant même complètement lorsque les réserves du marché intérieur paraissent insuffisantes.

La grande masse des consommateurs sait qu'elle ne profite pas, qu'elle souffre au contraire de cette baisse exagérée de tous les produits agricoles qui arrête le travail, supprime les salaires sans diminuer le prix du pain et de la viande. Il n'est pas difficile de démontrer en effet que le prix de la panification augmente à mesure que le prix du blé diminue.

Pour cela, il suffit de jeter les yeux sur les documents officiels, notamment sur le Bulletin du ministère de l'agriculture. Si en effet en 1867, en 1873, années de cherté du blé, la panification de 100 kilos de blé coûtait seulement :

10 fr. 52 pour le pain de 1re qualité,

4 fr. 52 pour le pain de 2e qualité,

Rien pour le pain de 3e qualité, le son et les issues représentant les frais de mouture et de cuisson ;

Dans les années où le blé est à bas prix, au contraire, comme en 1882, 1883, 1884, 1885, la panification de 100 kilos de blé s'élève à :

11 fr. 31 pour le pain de 1re qualité,

6 fr. 31 pour le pain de 2e qualité, en 1884, et 7 fr. 33 en 1885,

2 fr. 90 pour le pain de 3e qualité, en 1884, et 4 fr. en 1885.

Il résulte de ces chiffres officiels que l'abaissement du prix du blé au-dessous d'un certain niveau n'a pour ainsi dire aucune influence sur le prix du pain de 2e et de 3e qualité, c'est-à-dire de celui qui est consommé par la partie de la population la plus sensible au renchérissement des subsistances.

Le système des droits de douanes gradués, en maintenant les cours des blés à un niveau modéré, est donc plus favorable que celui des droits fixes à la classe ouvrière, puisqu'il la sauvegarde plus efficacement contre le danger du chômage et contre la cherté du pain.

Dès lors quelle objection peut-on opposer au système des droits gradués? Des difficultés d'application? Je n'ai point la prétention de vous exposer dans tous leurs détails les dispositions réglementaires que nécessiterait l'adoption de ce système ; mais il est facile d'en comprendre le mécanisme.

Toutes les semaines nous trouvons non seulement dans les journaux spéciaux, mais dans les organes de la presse agricole et dans beaucoup de journaux politiques, des mercuriales d'une exactitude suffisante pour apprécier le cours du blé dans les diverses régions de la France. Ces mercuriales sont dressées d'après les constatations faites par les municipalités et par les commerçants eux-mêmes dans toutes les localités où se tiennent des marchés de céréales d'une certaine importance. Il serait facile de donner à ces mercuriales une exactitude plus rigoureuse, une autorité plus grande encore en les confiant à des commissions de statistique composées d'un représentant des cultivateurs, d'un représentant de la meunerie ou de la boulangerie locale et d'un délégué de l'administration municipale. C'est l'affaire d'un règlement d'administration publique.

Dira-t-on enfin que le système des droits gradués a le tort de rappeler celui de l'échelle mobile et que cela suffit pour qu'on le rejette comme une imitation d'une institution du passé ? Messieurs, c'est là un mot qui ne peut pas vous impressionner. Parmi les institutions de la vieille France, combien y en a-t-il dont le rétablissement, avec toutes les modifications indiquées par les nécessités de notre époque, est aujourd'hui la suprême espérance des hommes les plus dévoués au progrès, les plus confiants dans l'avenir de notre pays ?

Quel mal n'a-t-on pas dit des anciennes corporations ? Et cependant vous n'avez pas hésité à recommander, à favoriser de toutes vos forces, la création des syndicats qui sont appelés, sous une forme nouvelle, à jouer dans notre société moderne un rôle analogue à celui que les corporations remplissaient dans la France d'autrefois.

Il en sera de même des droits gradués. Vous ne les repousserez pas sous le prétexte qu'ils reposent sur le même principe que l'échelle mobile; car si la réglementation de l'échelle mobile était défectueuse, nous l'avons, comme vous le voyez, singulièrement simplifiée pour l'adapter à la situation de cette dernière moitié du XIXe siècle, telle que l'ont faite l'électricité et les chemins de fer. Quant au principe de l'échelle mobile, il était, il est encore absolument juste ; il s'imposera à tout gouvernement, quel qu'il soit, qui aura souci d'épargner au pays ce double danger : l'excès des importations qui fait perdre à l'ouvrier agricole la rémunération de son travail et d'autre part l'insuffisance des ressources nécessaires à l'alimentation publique.

En conséquence, j'ai l'honneur de vous proposer le vœu suivant :

La Société des agriculteurs de France émet le vœu :

Qu'à défaut de droits fixes suffisamment élevés, il soit établi à l'entrée des blés et des farines des droits gradués de la manière suivante :

Pour les blés :

Aux cours supérieurs à 32 fr. le quintal, entrée en franchise complète.

Au cours moyen de 31 à 32 fr. le quintal, droit d'entrée.		.		1 fr.
—	30 à 31 fr.	—	—	2 fr.
—	29 à 30 fr.	—	—	3 fr.
—	28 à 29 fr.	—	—	. 4 fr.
—	27 à 28 fr.	—	—	5 fr.
—	26 à 27 fr.	—	—	6 fr.
Aux cours inférieurs à 26 fr.		—	—	7 fr.

Pour les farines, les mêmes droits majorés de 40 p. 0/0.

A des époques déterminées par la loi, tous les trois mois par exemple, un arrêté ministériel fixera le droit d'importation d'après le prix moyen du blé en France pendant la période précédente, tel qu'il résulte des mercuriales publiées chaque semaine au *Journal officiel.*

M. de la Valette combat cette proposition. Il dit que le blé coûte plus au producteur dans les mauvaises années que dans les bonnes. Il est donc juste qu'il le vende plus cher. Les droits gradués, s'abaissant quand les cours s'élèvent, auraient pour effet d'empêcher la hausse quand elle est justifiée et de favoriser ainsi le consommateur au détriment du producteur. Le blé doit être assimilé à toutes les autres marchandises, dont le prix s'élève quand elles sont rares.

M. de la Valette repousse encore le système des droits gradués, parce qu'à ses yeux il faciliterait les spéculations que pourraient tenter des agioteurs puissants, disposant de capitaux considérables pour faire hausser ou baisser les cours (1).

M. le Président met aux voix le système des droits gradués proposé par M. Le Breton. Par deux fois le vote est déclaré douteux. On procède à une troisième épreuve; le système des droits gradués n'est pas adopté.

---

1. Il serait facile de répondre aux deux objections de M. de la Valette. 1º Loin de favoriser l'agiotage des spéculateurs, le système des droits gradués, en atténuant les oscillations des cours, entraverait les manœuvres de la spéculation bien plus que ne feraient des droits d'importation fixes, surtout des droits fixes peu élevés comme ceux dont il est possible d'espérer l'adoption.

Supposons des spéculateurs à la hausse; ils multiplient leurs demandes d'achats livrables soit immédiatement, soit à terme; ils font la rareté sur le marché pour faire

SÉANCE DU 5 MARS

M. le Président. — L'ordre du jour appelle la fin de la discussion relative au tarif des douanes.

M. le marquis de Poncins ne veut pas rentrer dans la question générale des tarifs. Il ne parlera que du point particulier et tout actuel de la surélévation du tarif du blé à 5 francs.

L'an dernier, en émettant le vote d'un droit protecteur, le monde agricole restait inquiet des résultats. Il est prouvé aujourd'hui que: 1° le droit de 3 francs n'a pas fait renchérir le prix du pain; 2° que l'application de ce droit n'a pas relevé sensiblement le prix du blé. Il l'a empêché seulement de s'avilir.

Ce droit de 3 francs est trop faible. Le prix de revient du blé a été établi dans la Haute-Loire de 20 à 22 francs l'hectolitre. L'agriculteur ne pouvant produire à perte, il lui faudrait vendre le blé 25 à 26 francs le quintal pour être rémunéré. Or, les cours actuels étant de 19 à 20 francs, c'est une taxe douanière de 7 francs qu'il faut demander par 100 kilog. Tel est le vœu exprimé par M. de Poncins.

M. Baucarne-Leroux, député, est un des auteurs du projet de loi de l'élévation des tarifs, à la Chambre. Il fait observer que, si ses collègues et lui ont demandé un droit de 5 francs et non de 7 francs, c'est dans la pensée d'obtenir plus aisément un vote de la majorité.

monter les cours; c'est déjà une opération bien difficile dans un pays comme la France où les producteurs de blé sont si nombreux et si pressés de vendre, mais en admettant que cette tentative réussisse, la hausse sera vite arrêtée par l'abaissement du droit d'entrée qui attirera immédiatement les importations du dehors. La spéculation à la hausse est donc plus difficile, plus périlleuse qu'avec le système des droits fixes.

Il en est de même de la spéculation à la baisse. Supposons des agriculteurs offrant sur tous les marchés d'énormes quantités de blé. Si les cours fléchissent, le droit d'importation s'élève, ferme la France aux blés étrangers et fait remonter les cours au niveau normal indiqué par l'abondance ou la rareté des blés disponibles dans l'intérieur du pays.

On voit donc que la spéculation soit à la baisse soit à la hausse est plus difficile avec des droits gradués qu'avec des droits fixes et c'est ce qui explique l'opposition que font au système des droits gradués les importateurs de nos ports de Marseille et du Havre.

2° Le blé ne peut être assimilé à toutes les autres marchandises, parce qu'il est indispensable à la vie, parce que l'homme qui a faim ne peut pas différer de l'acheter comme le cultivateur qui le produit peut différer de le vendre. Une législation qui ne prendrait aucune précaution contre l'extrême cherté du blé ne serait pas seulement inhumaine, elle serait condamnée à disparaître à la première crise sous le coup de la malédiction publique.

Si cette double réfutation des objections de M. de la Valette n'a pas été faite à la tribune, c'est qu'il a été inutile de prolonger le débat quand l'opinion de l'assemblée paraissait fixée en faveur du système des droits gradués.

Les droits de 3 francs sont insuffisants. Avant les droits on vendait, l'an passé, le blé 18 à 19 francs l'hectolitre, il se vend depuis 16 à 17 francs. Toutefois le droit de 3 francs a eu pour effet d'arrêter la baisse. Il y a un écart entre les prix des marchés de Lille et ceux de Bruxelles, la Belgique vend 2 francs moins cher.

Avec un prix de revient de 21 fr. 50 à 22 francs l'hectolitre, dans le Nord, le tarif de 3 francs ne peut suffire. Mais tout en n'admettant pas que le droit de 5 francs soit assez élevé, il est préférable de s'y maintenir de même qu'au prix de 3 francs pour les maïs, afin de ne pas compromettre un vote à la Chambre par l'excès de la demande.

M. Le Breton. — La Société des agriculteurs de France n'est pas une assemblée législative mais simplement consultative. Elle doit donc indiquer en toute sincérité à quel chiffre il lui semble nécessaire de porter le droit d'entrée si l'on veut rendre la lutte possible entre le cultivateur français et les importateurs de l'Amérique, de l'Inde et de l'Australie.

Or il résulte des chiffres que j'ai indiqués hier et qui sont pris, soit dans les études faites par les sociétés agricoles des diverses régions de la France, soit dans les mercuriales des marchés belges et anglais, que le prix de revient *minimum* du blé français est de 26 francs le quintal, et le prix *maximum* des blés étrangers débarqués dans nos ports de 19 francs. L'écart est donc d'*au moins* 7 francs par quintal. Si le droit de douane est inférieur à 7 francs, l'agriculteur français sera condamné à vendre son blé à perte, ou, pour mieux dire, il devra renoncer à la culture du blé.

Nous devons donc déclarer nettement au législateur qu'un droit de 7 francs est indispensable et pleinement justifié par les conditions où se trouve actuellement notre production nationale. Si nous n'osons pas dire la vérité complète à cet égard, nous affaiblirons, au lieu de les fortifier, les revendications présentées au Parlement au nom de l'agriculture française. Nous n'avons pas à entrer dans les détails d'exécution ; le législateur saura bien apporter dans l'application de ce droit de 7 francs les tempéraments qui lui sembleront nécessaires, soit par l'adoption d'un système de graduation analogue à celui auquel hier une bonne moitié de l'assemblée a donné son adhésion dans deux épreuves successives, soit en suspendant la perception du droit lorsque les cours des blés dépasseraient en France un taux déterminé. Ce sont là des points accessoires puisque, dans l'état actuel des transports et de la production du blé dans les diverses parties du monde, nous ne pouvons pas espérer que, même avec un droit de 7 francs, les cours s'élèvent en France au-dessus de 26 à 27 francs le quintal, à moins de circonstances exceptionnelles. Nous devons donc, sans craindre qu'on nous reproche de méconnaître les nécessités de l'alimentation publique, demander énergiquement un droit de 7 francs. Ne commettons pas la faute de paraître nous contenter d'un droit moindre, quand nous sommes tous convaincus que ce droit de 7 francs est à peine suffisant pour nous permettre de soutenir la concurrence des blés étrangers.

M. Josseau met aux voix la proposition de M. le marquis de Poncins :

« *Que la taxe à percevoir sur le froment soit fixée à 7 francs le quintal.* »

La proposition est votée à une grande majorité.

. . . .

DROITS SUR LE BÉTAIL

M. Le Conte développe, au nom de la section d'économie du bétail, son rapport concernant les droits sur le bétail. Ce rapport, publié l'année dernière dans les travaux de la section d'économie du bétail (page 328), propose de substituer la perception au poids à la perception par tête.

On avait répondu autrefois que ce vœu entraverait le relèvement des tarifs de douanes. Depuis, l'opinion s'est montrée favorable à l'idée.

Théoriquement il n'est ni juste, ni rationnel de frapper d'un droit égal un bœuf de 7 à 800 kil. comme un bœuf de 300 kil.

La viande vivante devrait être taxée au poids comme les viandes dépecées.

La législation actuelle donne une prime au gros bétail de l'étranger et offre un désavantage à l'éleveur français qui introduit du bétail maigre pour l'engraisser.

Pratiquement, l'opération du pesage dans les 155 entrées de la frontière où le bétail trouve accès est facile à exécuter. La force d'inertie seule empêche d'y recourir.

En conséquence M. Le Conte, au nom de la section, propose à l'assemblée les vœux suivants :

Considérant qu'il est plus rationnel d'asseoir les droits sur le poids des animaux plutôt que de les prélever par tête, la valeur vénale du bétail étant le plus généralement corrélative de son poids ;

Considérant que le système de la perception par tête, qui invite l'étranger à introduire des animaux gras ou de grande taille, de préférence à des animaux maigres ou de petite taille, d'une part donne en quelque sorte une prime à l'engraissement étranger en favorisant l'entrée du bétail gras, et d'autre part entrave l'introduction du bétail maigre destiné à l'engraissement ;

Considérant qu'il n'est pas équitable de frapper de la même taxe deux animaux dont l'un peut représenter une valeur triple de celle de l'autre ;

Considérant que, quant à l'application du mode de perception au poids, les difficultés que l'on pourrait objecter au point de vue de la pesée des animaux ne sont pas réelles ;

Considérant qu'en ce qui concerne les animaux entrant en France et en ressortant dans le cours de la même année, il y va aussi bien des intérêts économiques du pays que des intérêts particuliers de l'industrie herbagère que ces animaux n'aient pas à supporter de droits de douane ;

La section d'économie du bétail et d'industrie laitière,

Emet le vœu :

1° Que les droits d'entrée à percevoir sur le bétail étranger soient établis au poids et non plus à la tête, et soient fixés aux chiffres ci-après :

      Espèce bovine : 0 fr. 10 par kil. vif ou 10 fr. aux 100 kil.

      Espèce ovine : 0 fr. 14 par kil. vif ou 14 fr. aux 100 kil.

      Espèce porcine : 0 fr. 08 par kil. vif ou 8 fr. aux 100 kil.

2° Qu'en ce qui concerne les animaux de l'espèce bovine entrant en France et en ressortant dans le cours de la même année, les droits perçus à l'entrée soient restitués à la sortie, système qui peut facilement s'établir par la création d'une marque d'Etat suivie d'un chiffre indiquant le millésime, que, sur la demande des importateurs, les douaniers apposeraient sur chaque animal à l'entrée, en délivrant en même temps aux parties une sorte de passe-debout ou d'acquit-à-caution, lequel devrait être représenté à la sortie.

M. de la Valette dit qu'un droit au poids paraît séduisant, mais il arrive à la fois de 25 à 30.000 moutons d'Allemagne. Le pesage sera une grande complication. Puis il ne faut pas compromettre la demande de relèvement des tarifs en y mêlant l'adoption du système proposé.

M. Muret appuie l'observation de M. de la Valette.

M. Deusy dit qu'en Allemagne ou en Angleterre on ne se préoccupe pas tant de nous faciliter l'entrée de la frontière. A propos de la moindre maladie nos animaux sont mis en fourrière. On retarde ainsi notre exportation.

Le pesage ne doit pas être une difficulté. On doit forcer les introducteurs à déclarer d'avance le poids du bétail expédié, sauf à contrôler et à confisquer ce bétail si les déclarations sont reconnues fausses.

M. le marquis de Poncins cite le fait du pesage en trois ou quatre minutes des wagons chargés de houille à la sortie des mines.

M. Baucarne-Leroux trouve la proposition du régime au poids d'autant plus juste que les viandes dépecées de mouton qui entrent au poids ne paient que 3 francs par 100 kilos tandis qu'un mouton vivant du poids de 25 kilos paie à lui seul 3 francs, dans le système de la perception par tête.

M. Le Breton persiste à croire que la proposition du nouveau système de perception peut fournir un prétexte à l'ajournement des surélévations de tarifs demandées, et il propose de ne pas modifier les vœux précédemment adoptés à cet égard.

M. le comte de Bouillé appuie M. Le Breton. Tous les comices ont demandé le relèvement par tête, c'est lui qu'il faut réclamer. Est-on sûr d'ailleurs d'avoir un réel avantage à un changement de système? Il arrive autant d'animaux jeunes ou maigres que de gros, on ne gagnera pas à prendre le poids pour base de perception.

Le principe de la perception au poids du droit sur le bétail est cependant mis aux voix et adopté.

M. Le Breton propose alors à l'assemblée le vœu suivant :

« Sous la réserve, dans l'avenir, du principe de la perception au poids, la Société des agriculteurs de France émet le vœu que les droits par tête soient élevés aux chiffres indiqués par elle dans sa dernière session. »

Si l'assemblée se bornait à demander des droits proportionnels au poids des animaux importés, comme la perception de ces droits ne pourrait être effectuée avant qu'on ait établi dans toutes les gares frontières des appareils de pesage dont la construction exigerait de longs délais, il en résulterait que les droits actuels, sur l'insuffisance desquels nous sommes tous d'accord, seraient maintenus jusqu'à une époque indéterminée.

Les souffrances de notre élevage ne permettent pas qu'on diffère davantage les mesures qu'il réclame. Si la perception par tête est plus favorable à l'éleveur qu'à l'engraisseur, le premier souffre plus que le second. Il a donc besoin d'une protection plus énergique. Sans doute la vente des animaux gras est difficile, mais la baisse des animaux maigres est bien plus accentuée encore. Ils sont invendables sur la plupart de nos marchés ; les dépenses supportées par l'engraisseur sont donc sensiblement diminuées, tandis que celles de l'éleveur restent les mêmes et ses ventes sont entravées par la concurrence des importations de la Belgique, de l'Allemagne et de l'Italie. C'est pour remédier à cette situation intolérable qu'il importe de relever immédiatement les droits d'entrée du bétail sans attendre les délais qu'entraînerait nécessairement la substitution du système de perception au poids, au système de perception par tête, le seul appliqué jusqu'ici à toutes nos races animales.

La disposition additionnelle proposée par M. Le Breton est adoptée à une grande majorité.

Imp. de la Soc. de Typ. - Noizette, 3, r. Campagne-Première, Paris.